THELMA CHAN

Nº Cat. IVFB-3119

Irmãos Vitale S/A Indústria e Comércio
Rua França Pinto, 42 - Vila Mariana - São Paulo
CEP. 04016-000 - Fone: 11 5081-9499- Fax: 11 5574-7388

© Copyright 1987 by Fermata do Brasil Ltda. - São Paulo - Brasil
Todos os direitos autorais reservados para todos os países. *All rights reserved.*

CIP-BRASIL. CATALOGAÇÃO NA FONTE
SINDICATO NACIONAL DOS EDITORES DE LIVROS - RJ.

```
C43c

Chan, Thelma, 1953-
Coralito
/ Thelma Chan. - São Paulo : Irmãos Vitale : Fermata
Brasil, 2006

ISBN 85-7407-203-6

    1. Canções infantis.
    2. Música - Instrução e estudo.
    3. Partituras.
        I. Título.

06-1043.                                    CDD 784.624
                                            CDU 784.67
```

22.03.06   23.03.06   013822

CRÉDITOS

Diagramação / Capa / Ilustrações: Débora Freitas

Revisão Musical / Coordenação Editorial: Claudio Hodnik

Produção Executiva: Fernando Vitale

CD

Arranjos Piano e Telado: Marcelo Guelfi

Percussão: Rachel e Gabriela

Coro: Andréa Narimatsu, Cristina Key kurita, Fabiana Garcia, Gabriela De Laquila, Guilherme Bracco, Guilherme Castanheira, Rachel Castanheira, Rachel De Laquila, Renata Narimatsu, Thaís Castanheira, Tatiana De Laquila, Valeska De Laquila, Yadira Passos

Finalização e Masterização: Thelmo Cruz

PRELÚDIO

Há muito venho sonhando em lançar este livro, não só pelo prazer de ver um trabalho registrado mas, principalmente, pela possibilidade de ampliar o repertório daqueles que também trabalham com crianças.

O que aqui se encontra foi composto para Coralito, grupo que atende à criançada de 5 e 6 anos na Escola Municipal de Iniciação Artística. Comecei a escrever para elas porque tornava-se cada vez mais difícil encontrar material para trabalhar. Então, o jeito foi viajar na aventura de fabricar músicas com letras que elas entendessem, mas também tivessem prazer em cantar. E aqui está a parte dessa viagem.

Logo adiante você vai encontrar exercícios fáceis e divertidos que servem para cuidar da voz.

O CD tem músicas cantadas e também só tocadas, parar você soltar sua imaginação e usá-las como preferir.

As imagens de cada música estão descritas como as tive no momento da criação, as vezes a performance inteira, mas são totalmente passíves de mudança, posto que são viagens e viajar é preciso.

ÍNDICE

Pela voz 07
Respiração 07
Soltando o maxilar...07
Massageando as cordas vocais 07
Para fortalecimento dos lábios e músculos da face 07
Thelma Chan..30
Programa do CD 32

MÚSICAS:

Amarelo 18
Azul 17
Bagadalá 13
Brincando 12
Colorindo 15
De mentirinha...20
Feliz ano novo! 29
Índio lindo 22
Macacada...26
O lume da formiga 23
Oi, Papai Noel! 28
Olha o sapo! 10
Paizão!..25
Pra brincar de cantar 09
Pra cantar o coelho..21
Recadinho 27
Só TV? Não! 11
Super, mãe! 24
Verde 19
Vermelho 16
Voar...14

* Programação do CD na última página

PELA VOZ

Através da voz nos comunicamos, ganhamos espaços no universo de nossas relações, nos conhecemos melhor. Ela traduz emoções claras e nos conta também sentimentos profundos (uma voz rouca não significa necessariamente problemas com o aparelho fonador).

Voz é um instrumento delicado, que precisa de cuidados especiais. Instrumentos quebram, desafinam, precisam ser limpos, revisados. A voz também. Utilizá-la mal é correr o risco de perdê-la. Proponho, então, a todos que têm vozes infantis a seus cuidados, que as ouçam atentamente a fim de detectar problemas como os de dicção (troca de letras, "esses" (s) pronunciados das mais diferentes maneiras, etc), disfonia (rouquidão constante), respiração, etc. Sejamos espectadores atentos ao espetáculo das diferentes cores que essas vozes têm.

RESPIRAÇÃO

Soprar uma velinha de aniversário de leve, "fazer o foguinho dançar" sem apagar.

Soprar uma língua de sogra, e mantê-la esticada contando até dez, até quinze, até aguentar, sem encher a bochecha de ar.

Matar o mosquito com spray (ou bomba de "Flit") S SS SSSSS (Além de poluente, aerosol não é biodegradável).

SOLTANDO O MAXILAR

Abra a boca, abra mais mostrando os dentes, feche.

Repetir esse exercício muitas vezes.

MASSAGEANDO AS CORDAS VOCAIS

Com os sons básicos de BRRR (através dos lábios) e RRR (ar através da língua, criar exercícios com as sete vogais (a, é, ê, i, ó, ô, u)

PARA FORTALECIMENTO DOS LÁBIOS E MÚSCULOS DA FACE

- Dar beijinhos com o "bicão" mantendo os dentes juntos.
- "Estourar pipoca": juntar os lábios como ao passar batom e abrir a boca com decisão. Uma "pipocada"!
- Sempre de dentes juntos, encher a bochecha de ar de um lado, do outro, pra cima, pra baixo, toda cheia (vazia, cheia...)
- Ainda com os dentes juntos, fazer um "bicão" e esticar os lábios num sorriso aberto.
- Todas essas propostas estão fundamentadas nos exercícios de fonoaudiologia que me foram transmitidos pela Dra. Mara Behlau, e é justamente para uma fono que conheça e confie, que devemos mandar as crianças que apresentam qualquer problema na voz, seja uma rouquidão constante, ou um "esse" (s) pronunciado com a língua entre os dentes.

PRA BRINCAR DE CANTAR

Em cada figura sem altura definida bater palmas, pular, agachar, girar e tudo o que conseguirem inventar para fazer.

Nós va - mos a - go - ra can - tar can - tar Va - mos can - tar jun - tos brin - car brin - car Can - tan - do brin - can - mos vem cá vem cá brin - car de can - tar

NÓS VAMOS AGORA
CANTAR, CANTAR.
VAMOS CANTAR JUNTOS
BRINCAR, BRINCAR
CANTANDO BRINCAMOS
VEM CÁ, VEM CÁ
BRINCAR DE CANTAR

OLHA O SAPO!

Imitar o sapo: saltar cantando.
De tanto cantar e saltar
o sapo cansa e cai cansado.

SALTA, SALTA
O SAPINHO SALTA
PULA, PULA
LÁ NO BREJO
ATÉ CANSAR

SÓ TV? NÃO!

Uns jogam amarelina, outros correm, pulam, brincam até o fim quando viram "estátuas" vendo televisão. (Sem se mexer mesmo, hein!)

IR PRA RUA
PRA JOGAR
AMARELINHA, NHA
JOGAR BOLA
NA JANELA
DA VIZINHA, NHA
CORRER, PULAR, BRINCAR,
É UMA CURTIÇÃO
MELHOR QUE
VER TELEVISÃO

BRINCANDO

Cantar de costas e só virar para mostrar o "bocão" aberto, o bico, a bochecha cheia, as pipocas... E o espirro pode ter muitos A...A...A...ATCHIM!

Pa - ra can - tar bem eu a - bro a bo - ca as - sim
Eu fa - ço um bi - co as - sim e u - ma bo -
cha - cha as - sim Es - tou - ro pi - po - cas com a
bo - ca as - sim Man - do bei - ji - nho as -
sim e sol - to a voz

PARA CANTAR BEM
EU ABRO A BOCA ASSIM.
EU FAÇO UM BICO ASSIM,
E UMA BOCHECHA ASSIM.
ESTOURO PIPOCAS
COM A BOCA ASSIM.
MANDO BEIJINHO ASSIM
E SOLTO A VOZ
...ATCHIM!

BAGADALÁ

Quem vai ser o mágico agora?
O dono da varinha faz qualquer
coisa e, como ela é mágica,
ninguém escapa de imitá-lo!

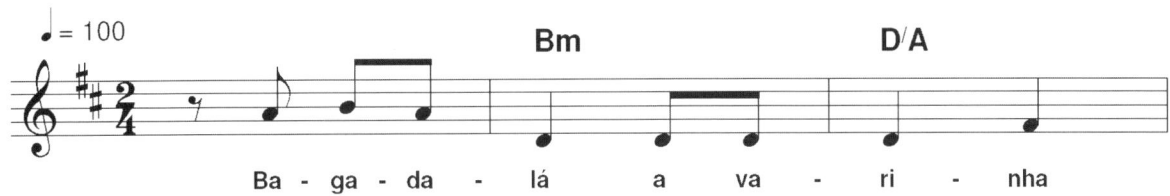

Ba - ga - da - lá a va - ri - nha

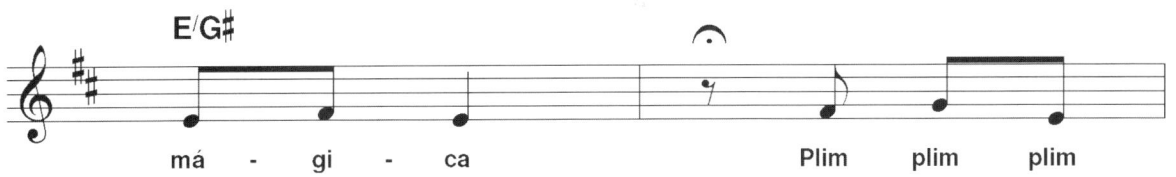

má - gi - ca Plim plim plim

plim vo - cê fi - ca_as - sim!

BAGADALÁ
A VARINHA MÁGICA
PLIM, PLIM,
PLIM, PLIM,
VOCÊ FICA ASSIM!

VOAR

Engole-vento, Pescador Martim,
Uirapurú - pássaros!
Você sabe outros nomes
pra dizer enquanto o piano
toca a canção uma vez?

Pas - sa - ri - nho na gai - o - la Es - se

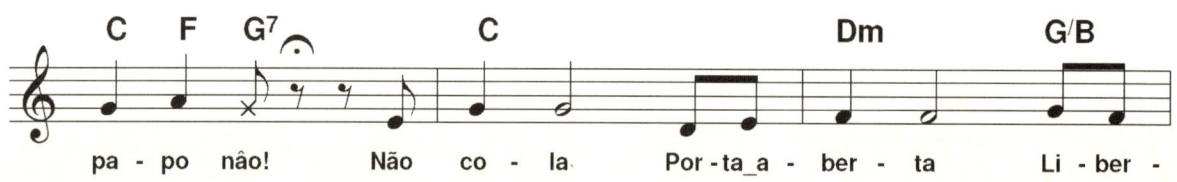

pa - po nâo! Não co - la. Por - ta a - ber - ta Li - ber -

da - de Ou - vir seu can - to de ver - da - de

PASSARINHO
NA GAIOLA

ESSE PAPO, NÃO!
NÃO COLA...

PORTA ABERTA,
LIBERDADE!

OUVIR SEU CANTO
DE VERDADE.

COLORINDO

O jogo colorir.
A imagem é sua.

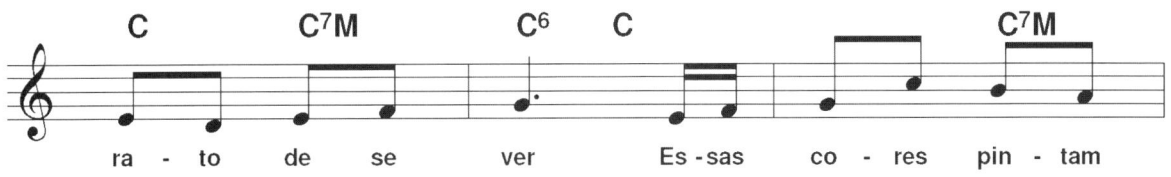

Es - se mun - do co - lo - ri - do_é um ba -

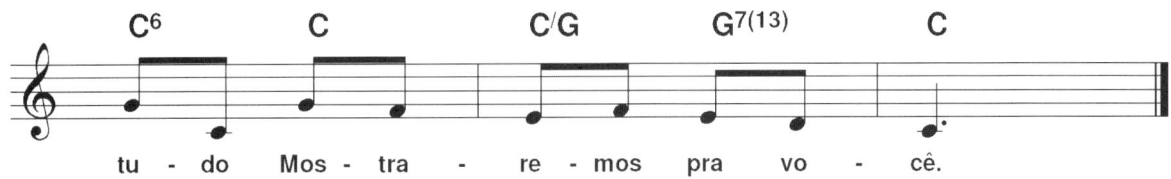

ra - to de se ver Es -sas co - res pin - tam

tu - do Mos - tra - re - mos pra vo - cê.

ESSE MUNDO
COLORIDO
É UM BARATO
DE SE VER!
ESSAS CORES
PINTAM TUDO
MOSTRAREMOS
PRA VOCÊ

vermelho

O jogo é colorir.

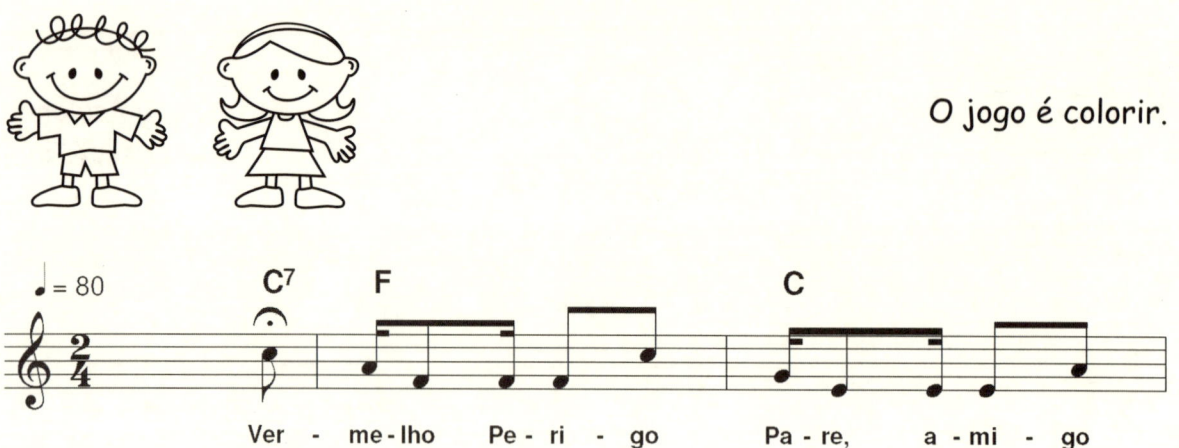
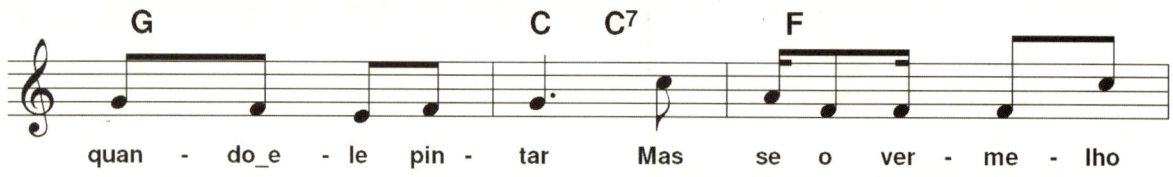
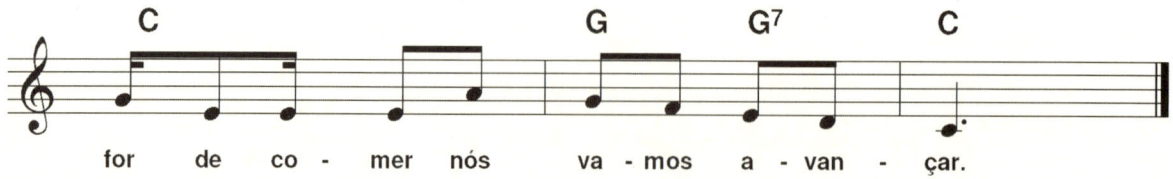

VERMELHO, PERIGO!
PARE, AMIGO
QUANDO ELE PINTAR.
MAS SE O VERMELHO
FOR DE COMER
NÓS VAMOS AVANÇAR
NHAC!

AZUL

Vamos pintar?

O AZUL QUE, PINTA
A ÁGUA DO MAR,
TAMBÉM O CÉU PINTOU.
E LÁ DO CÉU,
POR CAUSA DO MAR,
A TERRA É AZUL.

AMARELO

Vamos pintar?

AMARELO DO SOL
QUE ESQUENTA
A MANHÃ.
AMARELO DO OURO
DA MINA
QUE TINGIU O IPÊ
MUITAS FRUTAS DOUROU
ATÉ LÁ DENTRO
DO OVO
ELE PINTOU!

VERDE

O jogo é colorir!

VEM VER DE PERTO
COMO É O VERDE
DO CHICLETE,
DO CHICLETE DE HORTELÃ
NHAM, NHAM,
NHAM, NHAM
O VERDE PINTA A NATUREZA
BOSQUES E FLORESTAS
VERDE CHEIRO DE MANHÃ!

DE MENTIRINHA

Virar "cowboy" é a brincadeira:
Montar no cavalo e levar um tombão!

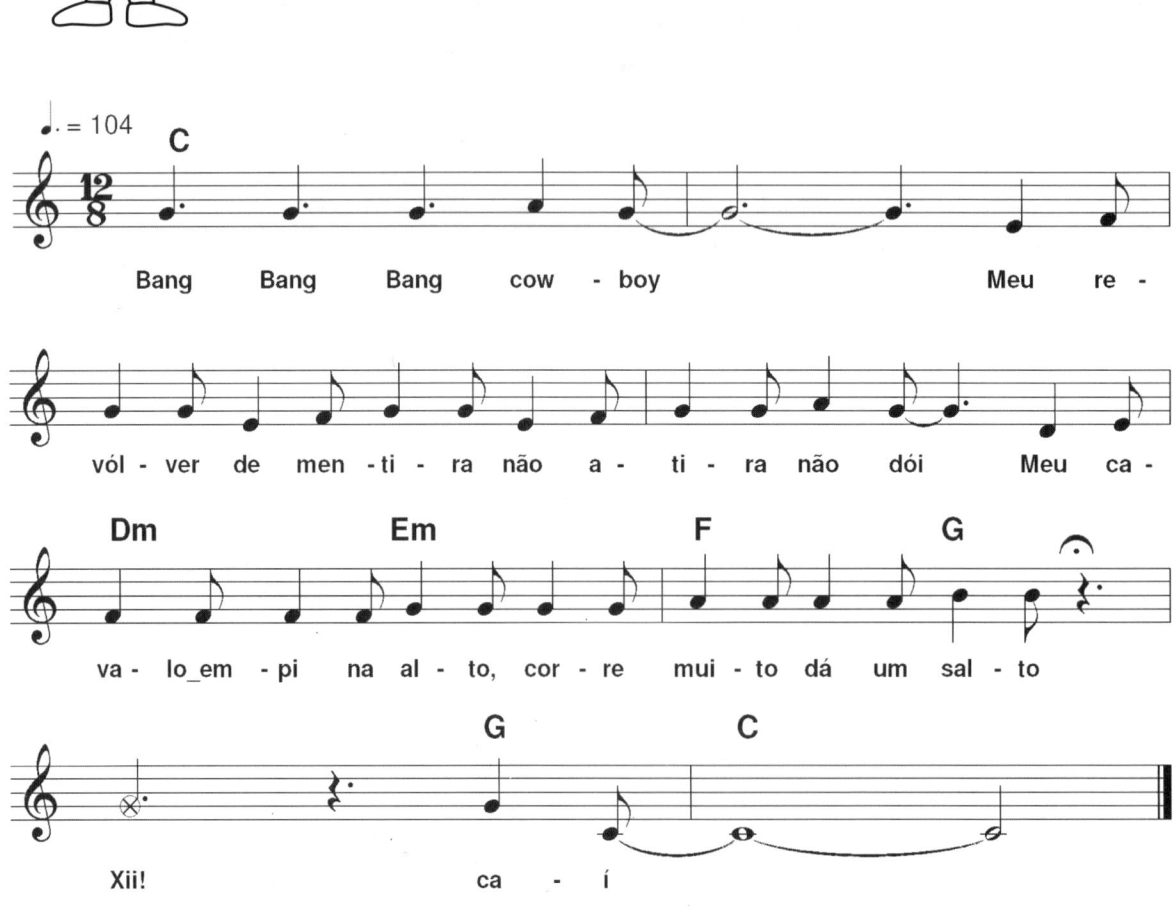

BANG, BANG, BANG
COWBOY
MEU REVÓLVER
DE MENTIRA
NÃO ATIRA, NÃO DÓI.
MEU CAVALO
EMPINA ALTO,
CORRE MUITO,
DÁ UM SALTO.
XII! CAÍ...

PRA CANTAR O COELHO

"Viajar" na idéia do coelho, cantar e sair pulando...

O COELHINHO DA PÁSCOA
É UM BICHINHO LEGAL
MAS NÃO TEM GRANA
PRA COMPRAR OS OVOS
TUDO BEM COELHINHO
NÓS QUEREMOS BRINCAR
PINTAR TEU NARIZ
POR TUAS ORELHAS
E PULAR, PULAR, PULAR...

ÍNDIO LINDO

Aracê é o nascer do dia.
Guaraci é o Sol e Jaci é a Lua.
Curumim, a criança.
Iracê, cheia de meiguice e
Cairê é a Lua cheia.
E agora? O índio está indo embora...
Fica índio de palavras bonitas.

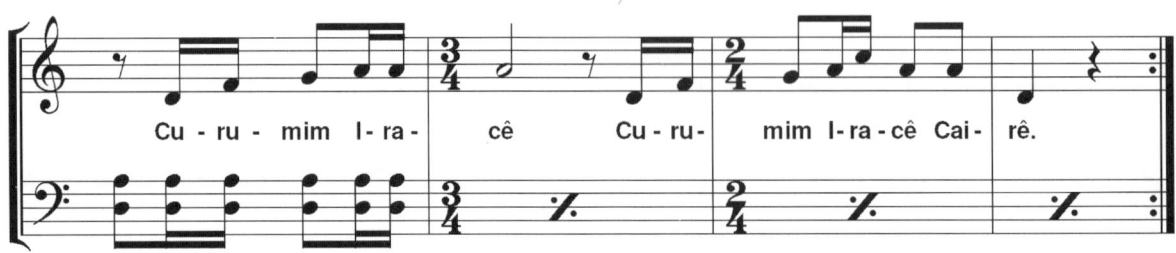

ARACÊ GUARACI
ARACÊ GUARACI
JACI
CURUMIM IRACÊ
CURUMIM IRACÊ
CAIRÊ

O LUME DA FORMIGA

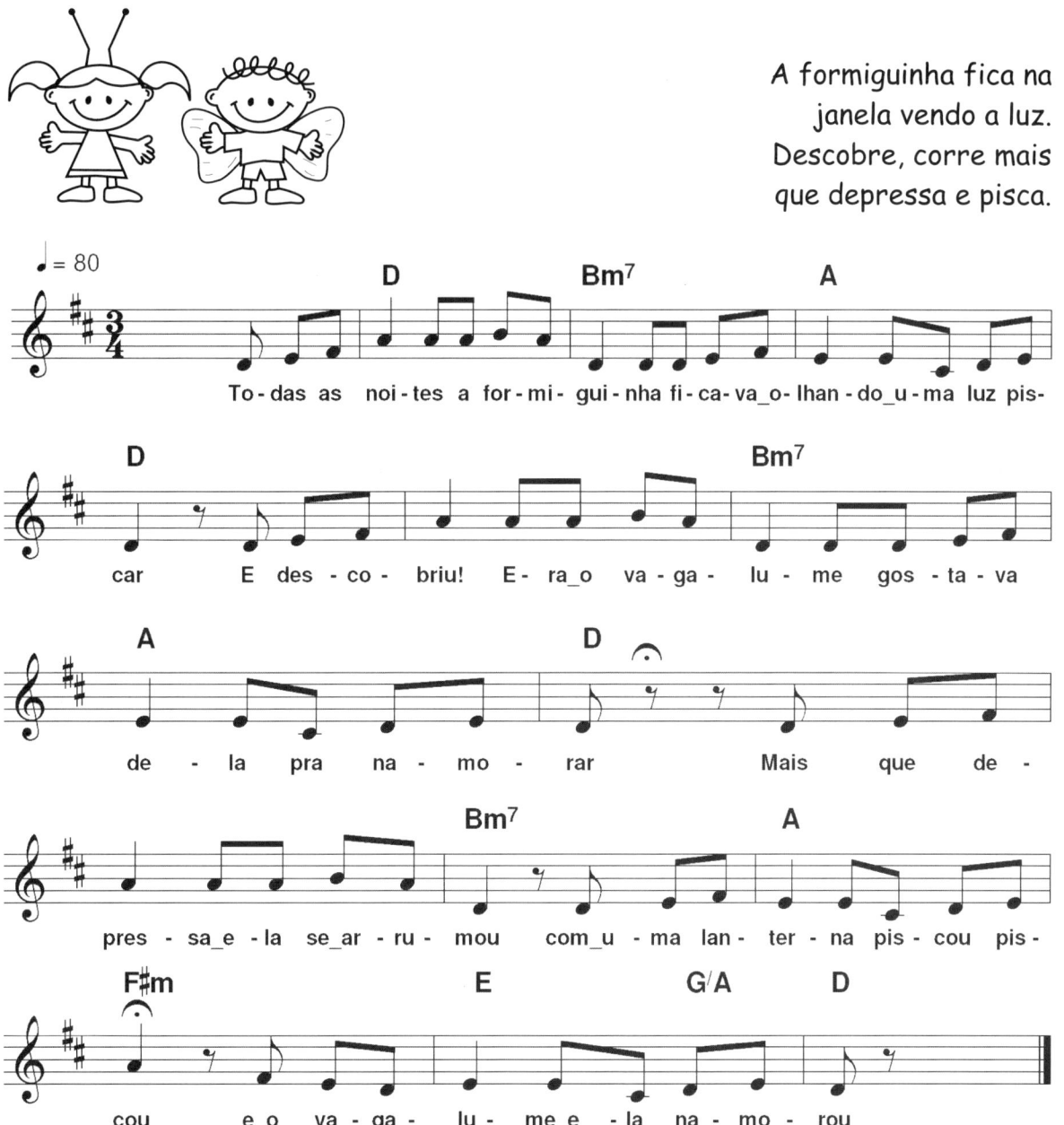

A formiguinha fica na janela vendo a luz. Descobre, corre mais que depressa e pisca.

TODAS AS NOITES
A FORMIGUINHA
FICAVA OLHANDO
UMA LUZ PISCAR
E DESCOBRIU:
ERA O VAGALUME.
GOSTAVA DELA

PRA NAMORAR
MAIS QUE DEPRESSA
ELA SE ARRUMOU
COM UMA LANTERNA
PISCOU, PISCOU
E O VAGALUME
ELA NAMOROU

SUPER, MÃE!

Contando um segredinho. De repente, saem voando com um avião e voltam pra acabar de contar o segredinho.

Ma- mãe vou te con- tar um se- gre- di- nho vem

cá: Pra mim vo- cê_é mais lin- da do que_a

She- ha Mais for- te que_o He- man Mais ve-

loz que_um a- vi- ão Mas ca- be to- di- nha no

meu co- ra- ção E ção Te a- mo!

MAMÃE, VOU TE CONTAR
UM SEGREDINHO, VEM CÁ
PRA MIM VOCÊ
É MAIS LINDA
DO QUE A SHE-HA
MAIS FORTE QUE
O HE-MAM,

MAIS VELOZ
QUE UM AVIÃO
MAS, CABE TODINHA
NO MEU CORAÇÃO
E CABE TODINHA
NO MEU CORAÇÃO.
TE AMO!

PAIZÃO!

Bater palmas, pular "fazer a festa" cantando pro papai.

SOU TIETE DO MEU PAI
ELE É BOM DEMAIS!
ATÉ PARECE UM SUPER HERÓI!
CONSERTA A
MINHA BICICLETA
E ME ENSINA A VIVER!
PAPAI É MASSA - SA
PAPAI É TUDO - DO
PAPAI TE AMO PRA VALER!

MACACADA

Cheia de macaquices do começo ao fim.
Emitindo sons macacais.

♩ = 88

Pu - la de um ga - lho já tá no ou - tro o ma - ca - qui - nho é tão ma - ro - to Pu - la de um ro - to Se co - ça e faz ca - re - ta co - me ba - na - na dá pi - ru - e - ta Se e - ta Pu - la de um ga - lho já tá no ou - tro o ma - ca - qui - nho é tão ma - ro - to

PULA DE UM GALHO
JÁ TA NO OUTRO.
O MACAQUINHO
É TÃO MAROTO!
SE COÇA
E FAZ CARETA.
COME BANANA
DÁ PIRUETA!

RECADINHO

Papai Noel no Brasil? Papai Noel brasileiro?
Nozes, castanhas, avelãs?
É verão e o sol nos aquece.
Vamos tomar guaraná?

Papai Noel é um velhinho barrigudo Que viaja pelo mundo no céu Papai Noel Nós aqui não temos neve venha de roupa bem leve tomar guaraná.

PAPAI NOEL
É UM VELHINHO
BARRIGUDO QUE,
VIAJA PELO MUNDO NO CÉU,
PAPAI NOEL NÓS AQUI
NÃO TEMOS NEVE
VENHA DE ROUPA
BEM LEVE
TOMAR GUARANÁ!

OI, PAPAI NOEL!

Papai Noel Chegou,
bateu na porta, entrou!!?
Claro né, não temos chaminé!

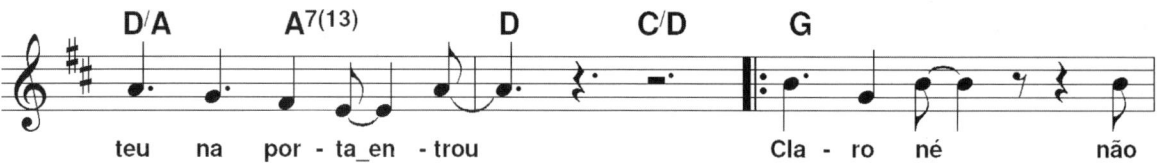

FELIZ ANO NOVO!

Pode-se esconder o tradicional lenço das despedidas e ao repetir a canção, abanar o lenço ou jogar confete, serperntina...

A - deus a - no ve - lho que já foi no - vo tam

- bém A - deus a - no ve - lho vol - ta

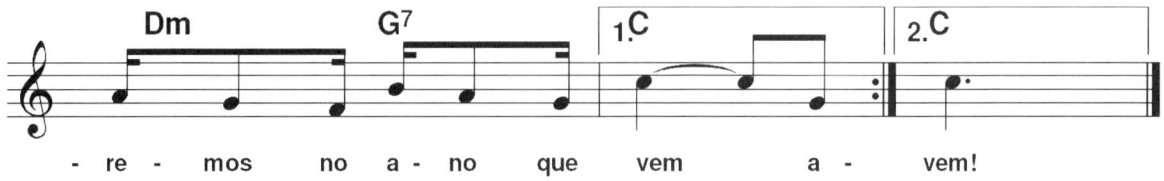
- re - mos no a - no que vem a - vem!

ADEUS ANO VELHO
QUE JÁ FOI
NOVO TAMBÉM
ADEUS ANO VELHO
VOLTAREMOS
NO ANO QUE VEM

Thelma Chan

Regente, cantora e compositora, dedica seu trabalho às crianças há mais de 15 anos.
Tem suas composições editadas pela Fermata do Brasil.:
Coralito (1987); Dos Pés á Cabeça (1990); Um Conto Que Virou Canto (1991)

- Foi presidente da Associação de Regentes de Corais Infantis por 7 anos, incrementando o movimento na capital, litoral e interior do Estado.
- Professora da Universidade Livre de Música nas áreas de Coral e Canto Popular.
- Coordenadora da Área Coral Infantil da Escola Municipal de Iniciação Artística (SP)
- Regente dos corais das Faculdades São judas, Santa Marcelina e Grupo Cantolivre.
- Assessora de Música da Fundação Cultural de Jacarehy - José Maria de Abreu (95/96).
- Formada pela Faculdade Paulista de Música, tem nos trabalhos de Ivaldo Bertazzo, Mara Behlau, e Rosemarie Schoch os pilares de sua pesquisa na integração corpo-voz.

Seus grandes mestres na regência coral dão Levino Ferreira de Alcântara (DF), Carlos Alberto Pinto Fonseca (BH), Henrique Gregori (SP), Benito Juarez (SP) e Cees Roterveel (Holanda).
Villa Lobos e Osvaldo Lacerda são seus parâmetros no exercício da composição.

CD, OBA!

PRA OUVIR

FAIXA	MÚSICA
1	Pra brincar de cantar
3	Olha o sapo!
5	Só TV? Não!
7	Brincando
9	Bagadalá
11	Voar
13	Colorindo
15	Vermelho
17	Azul
19	Amarelo
21	Verde
23	De mentirinha
25	Pra cantar o coelho
27	Índio lindo
29	O lume da formiga
31	Super, mãe!
33	Paizão!
35	Macacada
37	Recadinho
39	Oi, Papai Noel!
41	Feliz ano novo!

PRA CANTAR (PLAY BACKS)

FAIXA	MÚSICA
02	Pra brincar de cantar
04	Olha o sapo!
06	Só TV? Não!
08	Brincando
10	Bagadalá
12	Voar
14	Colorindo
16	Vermelho
18	Azul
20	Amarelo
22	Verde
24	De mentirinha
26	Pra cantar o coelho
28	Índio lindo
30	O lume da formiga
32	Super, mãe!
34	Paizão!
36	Macacada
38	Recadinho
40	Oi, Papai Noel!
42	Feliz ano novo!